The Mouse Ark

El Arca de Los Ratoncitos

Written By
Adán Zepeda

Illustrations By
Nancy Glon

Text copyright © 2003 by Adán Zepeda
Illustrations copyright © 2003 by Nancy Glon

All rights reserved. No part of this book may be
reproduced or utilized in any form or by
any means, electronic or mechanical,
including photocopying, recording, or by any
information storage and retrieval system,
without written permission from the author.

Library of Congress Control Number: 2003108793

ISBN: 0-9651440-1-1

Printed in the United States of America

First Edition

2000 Evangel Way
Nappanee, Indiana 46550-0189

We dedicate this book to the Zepeda and Glon families and to all children everywhere. It is our hope that they will enjoy the story and the pictures showing how all families can love each other and work together to be safe and happy in their homes. We also want children to realize that their parents will do everything possible to keep their children away from harm.

*Sincerely your friends,
Adán and Nancy*

Nosotros dedicamos este libro a nuestros familiares y amigos, como también a todos los niños del mundo. Especialmente a todos aquellos que deseen aprender a leer y a escribir, según sus capacidades. Esperamos que les guste esta historia, como también sus ilustraciones. Este es el trabajo de personas que hicieron el esfuerzo para que este libro se convirtiera en una realidad. Como ustedes también harán sus esfuerzos para aprender con mucho interés, para que sus sueños se conviertan en sus más grandes deseos. Porque así fueron también los nuestros.

Sinceramente sus amigos,
Adán and Nancy

Everyone has heard the saying, "You lose something in the translation." Therefore, the translation of this story, The Mouse Ark (El Arca de Los Ratoncitos), to Spanish from English may not be the exact words. However, the words that are used here in each language best tells the story.

Todos hemos escuchado decir que se pierde algo en una traducción, como lo está en la historia de El Arca de los Ratoncitos (The Mouse Ark), del idioma Inglés al Español. No son exactamente las mismas palabras en el vocabulario que se usa en cada lenguaje. Está de la manera más apropiada, según la historia.

The Mississippi River
The Father of Waters, Old Man River

The Mississippi River is the largest river in North America and is often referred to as The Father of Waters or Old Man River. It is approximately 3,710 miles long. The head waters rise near the middle of Minnesota. More than 250 tributaries, such as the Missouri and Ohio Rivers, join the Mississippi along the way, then, continue flowing south to the Gulf of Mexico. States that border the river are: part of Minnesota, Iowa, Missouri, Arkansas and Louisiana on the west side, and Wisconsin, Illinois, Kentucky, Tennessee and Mississippi on the east. In the Spring, floodwaters due to melting snow or heavy rainfall can cause the river to rise as high as fifty feet above the normal level. In some cases, as in 1994 and again in 1996, it has risen even higher, breaking through dams and levees, causing damage and destruction to farmlands, cities and towns. The floods effect humans and animals—even wild animals who live near its banks. The Mouse Ark is the story of a family that was caught in a flood on the Mississippi.

El Río Mississippi

El Río Mississippi es el más largo en Norteamérica y lo llaman El Padre de las Aguas, también se le conoce como el río Hombre Antiguo y tiene aproximadamente 7,420 kilómetros de longitud y sus aguas comienzan en el centro de Minnesota. Con más de 250 contribuyentes como lo es el Missouri y el río Ohio, que se unen con el Mississippi al cruzar por sus estados. Sus corrientes corren hacia el sur y desembocan en el Golfo de México. Los estados al bordo del oeste del río son Minnesota, Iowa, Missouri, Arkansas y Louisiana. En los estados del este, están Wisconsin, Illinois, Kentucky, Tennessee y Mississippi. Las inundaciones las causan las lluvias de primavera, porque derriten la nieve que se acumula durante el invierno. Desafortunadamente el agua sube a más de cincuenta pies de su nivel normal. Como sucedió en 1994 y 1996, a un punto muy elevado que causó grandes pérdidas. Estas inundaciones afectan a la humanidad, así como a los animales que viven en las orillas de este río. "El Arca de los Ratoncitos" es la historia de esta familia, que fue sorprendida por una inundación del Río Mississippi.

The Mouse Ark

El Arca de Los Ratoncitos

Written By Adán Zepeda

Illustrations By Nancy Glon

Un año, hubo una primavera lluviosa situada en la parte central de los Estados Unidos, que causó una inundación en los bancos del Río Mississippi.

Algunos de los estados en la parte interior que conectan con el río, tenían miles y miles de acres de tierra bajo el agua. Mucha gente tuvo que evacuar sus casas, sin sus posesiones personales. Cantidades de cosas estaban bajo el agua aún antes de salir de sus hogares. Muchas personas fueron rescatadas a través de botes, y muchas más por helicópteros, y llevadas a tierras más altas.

One year there was an unusually rainy spring in the north central United States, causing the Mississippi River to flood its banks. It left many of the south central states with thousands and thousands of acres of land under water. People were forced to evacuate their homes, leaving their possessions behind with some of their belongings already under water even before they left. Many of those people were rescued by boat while others were taken by helicopter to higher ground.

Pero las personas más afectadas fueron los rancheros, porque ellos tenían que mover a sus animales fuera del peligro, tan pronto como fuera posible.

Vacas, caballos, puercos, cabras, pollos y animales domésticos: como gatos y perros todos fueron puestos en lugares más seguros. ¿Pero qué pasa con los otros animales que no saben nadar, y no tienen quién los proteja y los lleve a un lugar más seguro?

The people most affected were the farmers, because they also had to move their animals out of danger as quickly as possible. All cattle, horses, pigs, goats, chickens and family pets, such as cats and dogs, were moved by their owners to a place of safety. They were very lucky to have someone to take care of them.

But what about those other animals that couldn't swim very well or had no one to see that they were safe?

Por ejemplo: como esta familia de cuatro ratoncitos, su mamá, su papá, y ellos vivían en un pozo, bajo un piso de madera de una cochera grande, no muy lejos de aquél gran río. Los ratoncitos se llamaban Ernesto, Arturo, Julio y Rebeca.

For example, a family of four baby mice and their mama and papa lived under the floor of a big barn not too far from the river. The little mice were named Ernest, Art, Julio and Becky.

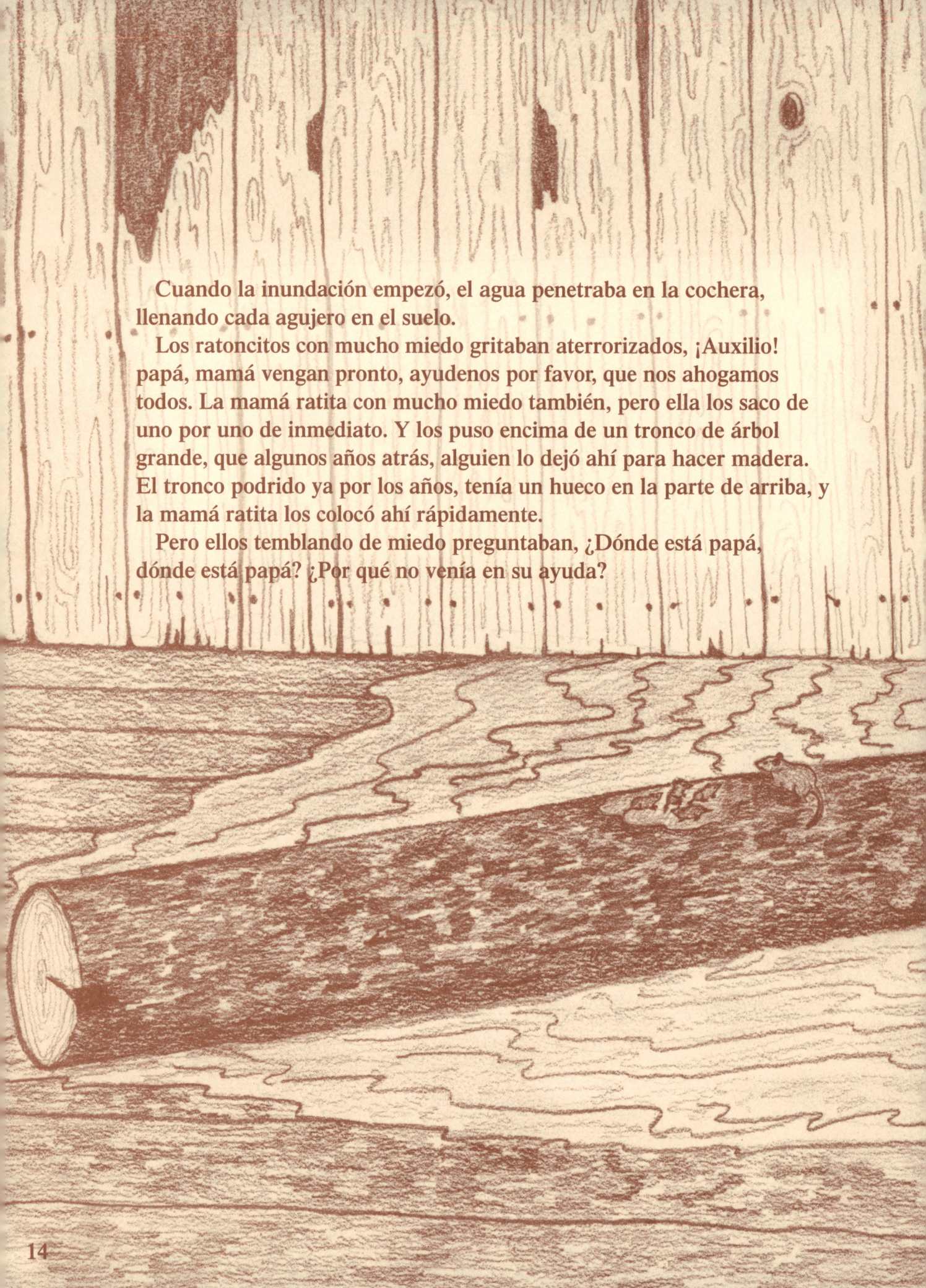

Cuando la inundación empezó, el agua penetraba en la cochera, llenando cada agujero en el suelo.

Los ratoncitos con mucho miedo gritaban aterrorizados, ¡Auxilio! papá, mamá vengan pronto, ayudenos por favor, que nos ahogamos todos. La mamá ratita con mucho miedo también, pero ella los saco de uno por uno de inmediato. Y los puso encima de un tronco de árbol grande, que algunos años atrás, alguien lo dejó ahí para hacer madera. El tronco podrido ya por los años, tenía un hueco en la parte de arriba, y la mamá ratita los colocó ahí rápidamente.

Pero ellos temblando de miedo preguntaban, ¿Dónde está papá, dónde está papá? ¿Por qué no venía en su ayuda?

When the flood began, the water slowly seeped into the barn, pouring into the hole in the floor and into the home of the mouse family. The four little mice were very frightened and called out, "Help us! Help us! We are going to drown! Mama! Papa! Come quick!" Mama knew that a very long, old log had been lying on the barn floor for many years. It was very dry and there was a small hollow spot on the top. That is where she quickly carried each of her babies hoping they would be safe from the rising water. From the top of the log, Mama and her babies waited and watched anxiously for Papa Mouse to return, but they couldn't see him anywhere.

El agua los tenía muy asustados, y más cuando el tronco comenzó a flotar, en aquélla agua llena de basura y terror. La mamá ratita y sus ratoncitos se agarraban fuertemente, de aquél enorme tronco que se movía para un lado y para otro.

¿Mamá, mamá, dónde está papá? ¡Qué nos vamos a caer y ahogar! lloraban todos los ratoncitos.

Mamá, yo necesito a mi papá, lloraba la pequeña Rebeca muy alarmada.

Todos ellos con la misma preguta, "¿Dónde está papá, porque no lo veían por ningún lado. Pero la voz de su madre los consolaba, y les decía no tengan miedo, sólo agarrense fuerte del tronco para que no se caigan en el agua.

    The water rose rapidly and before long, the log began to float, moving slowly with the current. Mother Mouse and her babies huddled together in the hollow spot on top of the big, moving log.

    "Mama, where is Papa? He can help us. We don't want to fall into the water!" cried all the little mice.

    "I want my papa," said little Becky, crying. "Where is my papa? Help us, Papa," she called, "we're going to drown." But their Papa didn't come. They listened for his voice, but only heard the thunder and lightning crash and the sound of the rain as the water rose higher and higher in the old barn.

    "We're going to fall into the water," cried Becky.

    "No, you won't fall," Mama tried to reassure them. "Be very still and hold on as tight as you can."

Ese día las horas de aflicción, pasaban muy lentamente, porque el agua continuaba levantando el tronco. Y los ratoncitos lloraban de miedo muy amargamente, porque ya estaba llegando la noche, y no sabían si vivirían para la siguiente mañana. Los cuatro acurrucaditos en el hueco del tronco, su mamá ratita les daba consuelo que todo iba a salir bien; ella les calmaba su temor, con palabras tiernas y amorosas. Pero seguían preguntando ¿Dónde está papá, por qué no viene en nuestra ayuda? aunque su madre tampoco lo sabía.

Night came, and the water continued to rise. The little mice were shaking with cold and fear. They didn't know what was going to happen to them. Would they still be alive in the morning? They gripped the log and listened to their mother's voice as she talked quietly to them. She calmed their fears a little, but they missed their papa and asked "Mama, where do you think Papa is?"

Pero su mamá cariñosamente les explicaba, que su papá se había ido a buscar comida fuera de la cochera.

No teman, su papá es muy listo, y a él no le pasará nada yo se los aseguro. Durante la noche si alguno despertaba, lo primero que preguntaba, ¿ya vino papá?

Después de una noche muy larga, vino un nuevo amanecer. Pero se dieron cuenta que ya no estaban en el mismo lugar, sino muy cerca del portón rumbo a la salida. Y sólo era una desilusión al mirar agua y más agua, se podía ver un tractor y un guallín casi tapados por el agua.

Mama explained, "Remember when Papa left this morning to look for some food?" she asked. "Well, he may be having trouble coming home because of the floodwaters, too. But don't worry," she told them, "he can look after himself. Your papa is a very clever mouse."

It was a long, dark and frightening night, and the morning light was a welcome sight to the little mice. By then, the water had risen to four or five feet deep. The big log was floating in a corner of the old barn where they had never been. They could see only the top of an old, rusty tractor and part of a wagon that barely showed above the water.

21

El tronco continuaba moviendose para un lado y para otro, y saliendo de la cochera antigua poco a poco aumentaba más el temor. Pero las olas que formaban de un bote de rescate que pasaba, apresuró la salida del tronco llevando con el cinco vidas. Aún fuera de la cochera aumentaban más sus temores, era como en medio de un océano mirando agua por todos lados. La cochera y su casa se iban alejando más y más, sin mirar tierra por ningún lado.

The log kept turning slowly back and forth inside the barn, with dirty, brown straw from the old stables floating everywhere. Waves from a rescue boat flowed through the open door causing the log to float to the center of the barn. It floated out through the big open door and into the rising flood where they seemed to be in the middle of a huge ocean. The log began to follow the current, away from the big barn and their home. All they could see was the rain falling and the deep, muddy water that was everywhere.

¿Qué pasará con nuestro papá? ellos se preguntaban una y otra vez. El nunca nos va a encontrar si ya salimos de nuestro hogar.

Oh, si, él nos va a encontrar más tarde; ya les he dicho que su papá es muy astuto, él nos encontrará.

Pero ellos con tanto miedo se les había olvidado, que no habían comido desde el día anterior, cuando la innundación comenzó.

Al segundo día la ratita Rebeca dijo, mamá, yo tengo hambre.

Yo también, dijo Julio.

Yo también, dice Arturo.

Y yo también, repitió Ernesto.

No era fácil alimentar a sus hijos, en un tronco que se movía con la corriente. Pero los ratoncitos tenían hambre, y su madre tenía que darles de comer. Y a uno por uno su madre los amamantaba, esperando que nadie se cayera del tronco, por estar mojado y resbaloso.

"What about our papa?" they all asked once more. "He won't ever find us now."

"Oh, yes, he will. Remember: Papa Mouse is very clever. He will find us no matter where we go," Mama answered bravely.

The baby mice had been so afraid of the flood and worried about their papa, they even forgot to be hungry. Then, about noon of the second day, little Becky finally complained,

"Mama, I'm hungry."

"Me, too," said Julio.

"Me, too," said Art.

"And me, too," echoed Ernest.

Mama knew that feeding her babies on top of the moving log would be difficult and dangerous, but her babies had to eat. So she began to nurse them, one by one, holding them tight hoping no one would fall off the moving log.

Arturo se salió del hueco por un segundo, y por mala suerte, el tronco choco con otro palo que estaba bajo el agua. Arturo cayó gritando, ¡mamá! ¡ mamá! ¡sálvame!"

Suddenly, just as the last baby finished eating, the log crashed into the branches of a tree that was mostly covered by the muddy water.

Little Art lost his balance and, with a splash and a yell, he fell into the deep river.

"Mama! Mama! He screamed. "Help me!" He tried to swim, splashing his paws, his little tail floating out in the water behind him.

Ustedes no se muevan de ahí, su madre los advertía para que tuvieran cuidado.

¡Mamá, mamá! gritaba Arturo, dando tragos de agua llena de lodo. Arturo se perdío por un momento, pero su madre lo alcanzo a rescatar agarrándolo por la cola. Lo tomó entre sus brazos, y lo apretaba fuerte para consolarlo. Arturo tosía y tiraba agua por la boca, sus primeras palabras, mamá, yo tengo mucho miedo. Su cuerpo pequeño temblaba de frío, y su madre lo puso junto con sus hermanitos para darle calor.

Quickly, Mother Mouse leaned down to him, the toes of her back feet digging into the log. The water splashed over her as she grabbed Art by his tail, pulling him back onto the log. She gave him a tight hug and held him close to comfort him. Art coughed and choked on the water in his mouth. "Mama, I was so scared!" he gasped. The little mouse was dripping and shaking all over with cold. He curled up very small and cuddled close to his sister and brothers. It took a long time for him to get warm and stop trembling.

Ojalá que papá estuviera aquí con nosotros, dijo Ernesto, para que ayudara a mamá con nosotros y nos sentiríamos más seguros.

¿Mamá, qué vamos a hacer si alguno de nosotros se cae en el agua y se ahoga? pregunta Julio, casi llorando.

No, nadie se va a caer, contesta la mamá ratita, dándoles consuelo. Recuerden que hay que ser muy listos, porque esta innundación trae muchos peligros que nosotros no sabemos.

"I wish Papa were here to help us, too," said Ernest. "I would feel safer if he could be here with us, Mama."

"What will we do if one of us falls into the water again—and you cannot save us?" asked Julio.

"Oh, nobody will fall off again," said Mama smiling. "We forgot to watch and didn't see those tree branches. From now on we will be more careful. We must watch for other dangers hidden in the water. And," she added, " we need to be sure to hold on tight with our claws.

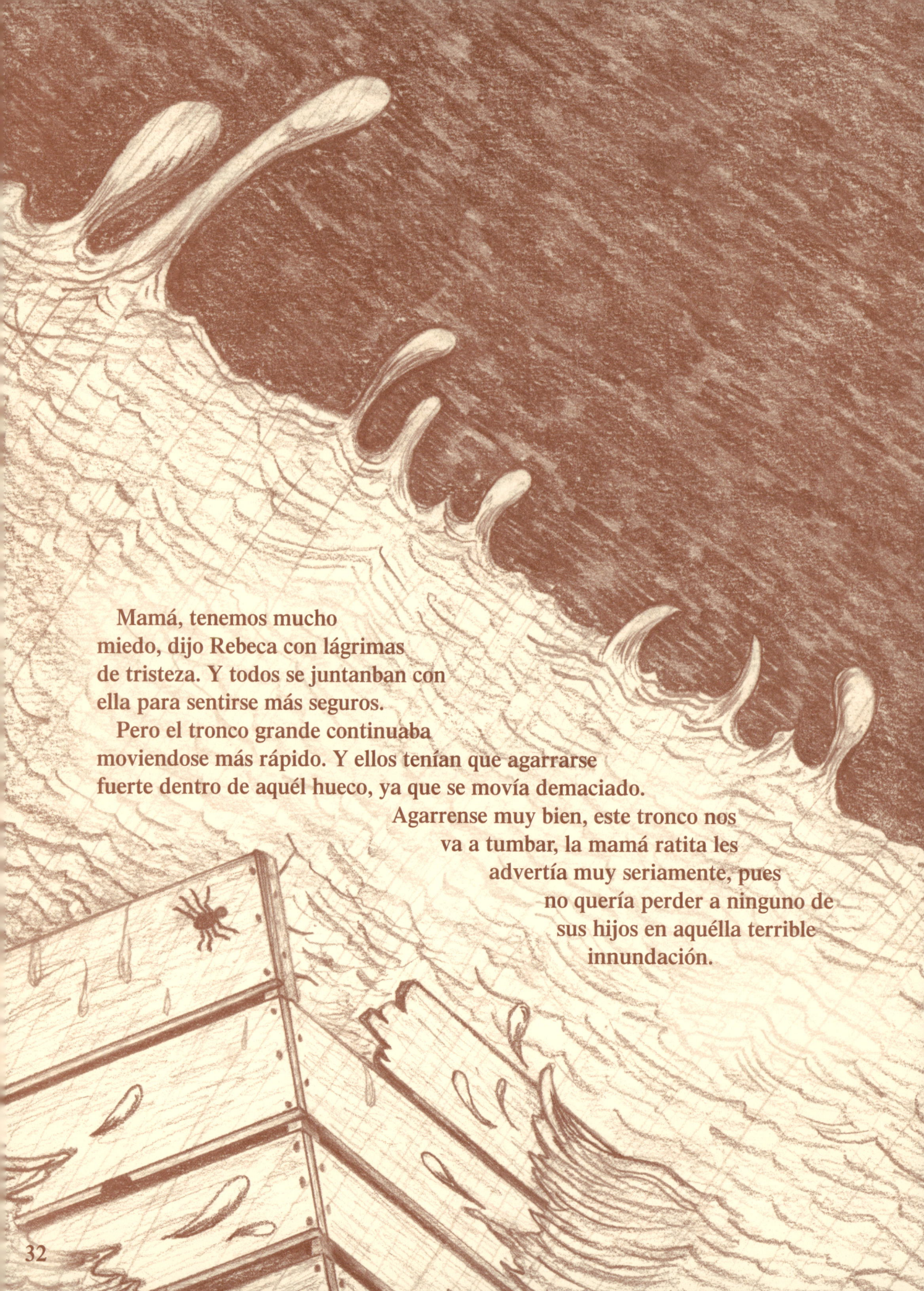

Mamá, tenemos mucho miedo, dijo Rebeca con lágrimas de tristeza. Y todos se juntanban con ella para sentirse más seguros.

Pero el tronco grande continuaba moviendose más rápido. Y ellos tenían que agarrarse fuerte dentro de aquél hueco, ya que se movía demaciado.

Agarrense muy bien, este tronco nos va a tumbar, la mamá ratita les advertía muy seriamente, pues no quería perder a ninguno de sus hijos en aquélla terrible innundación.

"Mama, we're still scared," said Becky, beginning to cry once more. All the babies snuggled close together with their mama for comfort.
The big log kept moving with the current, rolling back and forth, back and forth. Holding tight, they stayed in the hollow spot, and Mama kept reminding them to hold on and to not let go.

That evening, she very carefully fed her babies again, one by one, on top of the log holding them close, keeping them safe so they wouldn't fall off. She wanted to save her little family from the dangerous water. And the rain still fell, and the log continued to follow the current.

La noche vino una vez más,
y sus esperanzas
ya estaban perdidas de regresar a la vieja
cochera, en donde ellos tenían su dulce hogar.
Se durmieron llorando, sin saber su futuro.

La siguiente mañana, había
lluvia ligera y una inmensa niebla.
Todos mojados, pero juntos
en aquél hueco se daban calor.
Su madre les daba consuelo,
Sin embargo, ellos miraban hacia todos lados, y lo que
veian era agua y más agua. Cuando la lluvia paró y la
neblina desapareció, sólo se miraban los techos de algunas
casas, y las cumbres de los árboles.
Con sus ojitos muy pelones
miraban para todas partes,
esperando ver a su papá.

By the next night, they were miles and miles away from the old barn and home. They had very little hope of ever returning to that warm, dry, happy place. They cried themselves to sleep, their future unknown.

The next morning, there was more rain and dense fog. Water covered nearly everything. As the fog lifted a little, they saw only some roof tops and treetops sticking above the flood. They kept their eyes open hoping to see their papa sitting atop a log like theirs.

Unos momentos después, descubrieron que otro animal trataba de mantenerse encima de otro tronco. El tronco era más pequeño pero se movía a la misma velocidad, a través de la corriente. ¡Mira, mamá, mira! dijo Ernesto. Todos se levantaron a ver, parece un ratón grande que viene en nuestra ayuda.

Tal vez sea papá, dijo Rebeca con una sonrisa.

¡Callense, callense! ¡shhh! ¡shhh! dijo la mamá en voz baja. ¡No es un ratón—es un gato!

Then, across the water, they saw a large, wet animal with a long tail that was struggling to stay on a log, too. Its log appeared to be smaller than theirs, but it was in the same current and was floating closer and closer to them as Mama, Julio, Art, Becky and Ernest watched. The other animal was working so hard to cling to the wet, slippery log, it had not yet seen the little mice.

"Look, Mama, look!" shouted Ernest. "There is a giant mouse who is coming to help us."

"Maybe it is Papa," said Becky with a big smile.

"Quiet, quiet! Shhh! Shhh!" Mama said in a low, whispering voice, "It is not a big mouse. It is a cat!"

¿Qué es un gato, mamá? preguntó Rebeca empezando a temblar.

Oh, a un gato le gustan mucho los ratoncitos, y sí él nos agarra entre sus uñas nos comería a todos.

Los pobrecitos todos temblaban de terror, al mirar el animal que se venía arrimando a ellos más y más. Pero el gato feo y mojado trataba de mantenerse a flote, porque su tronco era más pequeño y se movía mucho más para un lado y para otro. Pero el gato hambriento y desesperado, vio a los ratoncitos que temblaban de miedo, incluyendo a la mamá. Y el gato pensó, miau miau, aquí está mi almuerzo.

"What is a cat?" asked Becky, beginning to tremble.
"A cat doesn't like mice," Mama whispered. "If it catches up with us, it will try to eat us. Be very quiet. Don't say a word. Maybe he won't see us."

The little mice began to shake with fear at the sight of this new and threatening danger. They huddled together and didn't move. As they watched the cat float closer and closer, they trembled more and more.

Then, just as Mama had feared, the hungry cat spied the little family, and began to study his nice breakfast choice for that morning. It crouched down, licking its whiskers, waiting for an opportunity to jump to their log.

"Meow, meow," the cat cried out as the current moved its log across the water toward the mouse family's log.

39

El gato con sus ojos grandes y cola larga, se lambía sus bigotes al ver a los ratoncitos. Todos preguntaban a la vez, ¿mamá él nos va a comer?

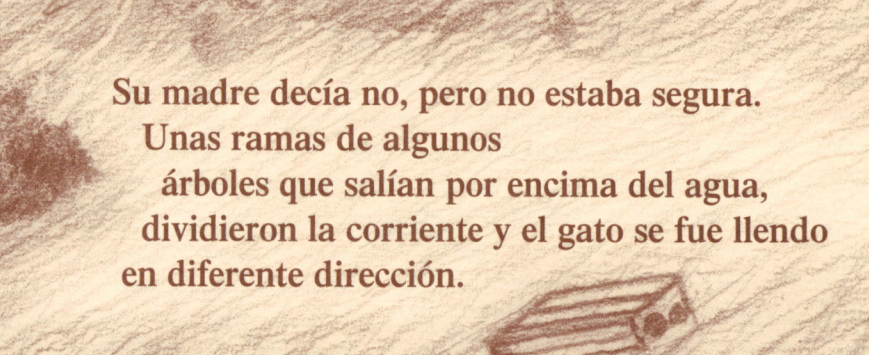

Su madre decía no, pero no estaba segura. Unas ramas de algunos árboles que salían por encima del agua, dividieron la corriente y el gato se fue llendo en diferente dirección.

¡Hurra, hurra! decían los ratoncitos cuando el gato desaparecía detrás de las cumbres de unos árboles.
¡Hay, caramba! Estuvimos muy cerca de ese gato, dijo su madre con una risa fingida.
Ahí va tu papá, Rebeca, dijo Julio como en burla.
¡Cállate, Julio! no seas burlón, su madre lo reprendió.

Arturo y Ernesto empezaron a bailar encima del tronco.
¡No, no! mis hijos, no hagan éso. Ustedes van a caer en el agua, recuerden que no estamos fuera de peligro todavía.
¡Oh, sí, sí, ya estamos fuera de peligro, pero de ese gato feo! dijo Ernesto.

But… finally, the mice had some very, very good luck. At the last minute, just as the hungry cat was ready to spring, some treetops sticking above the water divided the current. The big cat and its log floated in another direction away from the mouse family. They were saved! "Hooray, hooray!" shouted the four little mice as they watched the cat disappear behind the trees.

"That was too close for comfort," said Mama, with relief in her voice.

"There goes your "papa," Becky," said Julio, laughing.

"Julio! Be quiet! That isn't funny," scolded Mama.

Art and Ernest started to dance on top of their log.

"No! No! Don't do that! Remember, we are not safe yet," warned Mama.

"Oh, yes, we are! We are safe from that cat!" said Ernest, laughing.

41

Horas y horas pasaron, y todos tristes sin decir una palabra, porque su madre les advertió que aún no estaban fuera de peligro. Pero Ernesto al mirar para arriba vio a unos pajaros que pasaban, y dijo, yo quisiera ser como un pájaro mamá y poder volar. Y ya volando podría llevarlos a ustedes de uno por uno, a una loma grande de tierra donde no suba el agua.

Hours and hours passed. Hope of ever being safe and dry again began to fade. Then, at last, the rain stopped, the fog lifted and finally the sun began to shine from behind the clouds.

Mama began watching to see where the current of the flood was taking them. Far off in the distance, sticking above the water, she saw a huge hill. It looked as if their log might be floating in that same direction. The idea of reaching that hill gave her hope.

Todos mirando a los pájaros que desaparacian a lo lejos.

Dijo la mamá ratita con alegría, ¡yo miro tierra! ¡yo miro tierra! allá lejos señalando con su mano.

Todos se pararon a ver, ¡Si, si! nosotros también la vemos, gritaban los ratoncitos muy gustosos.

¿Pero como podemos ir hasta allá? preguntó Arturo.

¿Papá nos esperará allá cuando llegemos? dijo Rebeca con voz llorosa.

No se, mi hijita, le respondió su madre cariñosamente.

Sí nosotros pudieramos guiar este tronco, lo llevaríamos directamente hasta allá. Pero hay que esperar y tener fe, porque hasta este punto el tronco ha sido nuestra arca de salvación. Si tenemos fe y esperanza, vamos a llegar allá. Su madre les explicaba con amor, y ellos se miraban aún más animados.

The little mice were also watching and saw some birds flying so far off in the distance that they seemed to disappear from sight.

"Look, look! I see land!" Mama exclaimed, pointing.

"Yes! Yes! We see it, too," her little mice all cried together, standing up to have a better look.

"That's where those birds are flying. Can we make it there, too?" asked Art. "How will we make the log stop if we do reach it?"

"Will Papa be waiting for us when we get there?" asked Becky, tears filling her eyes again.

"I don't know," Mama replied in a brave soft voice. "I wish I could steer this log and make it go straight to that hill. We must have faith as we wait and hope. So far, this big log has been our saving ark. Maybe it will float us safely to land."

El arca con sus ocupantes, parecía que iba agarrando más velocidad poco a poco. La mamá ratita lo notó y les dijo —mis hijos— ahora vamos más rápido, y agarrense fuerte para que no se caigan. Pero todos querían mirar aquélla loma grande de tierra, que parecía montaña. El tronco con más rapidez se movía solo con la corriente. Y a todos los ratoncitos les daba gusto, al ver que se dirigía a donde ellos querían ir.

The log with its occupants continued to move toward the big hill. Little by little, the current began rushing faster, taking the log with it. To make things worse, it began to roll even more, and the little mice had to dig their nails even more firmly into the log to keep from falling off.

"Hang on tight!" warned their mother again and again.

The log moved faster and faster, bouncing up and down as the speeding current moved them closer and closer to the giant hill.

"Mama, this is fun!" said Ernest in excitement, unaware of any dangers that might be hidden in the muddy water.

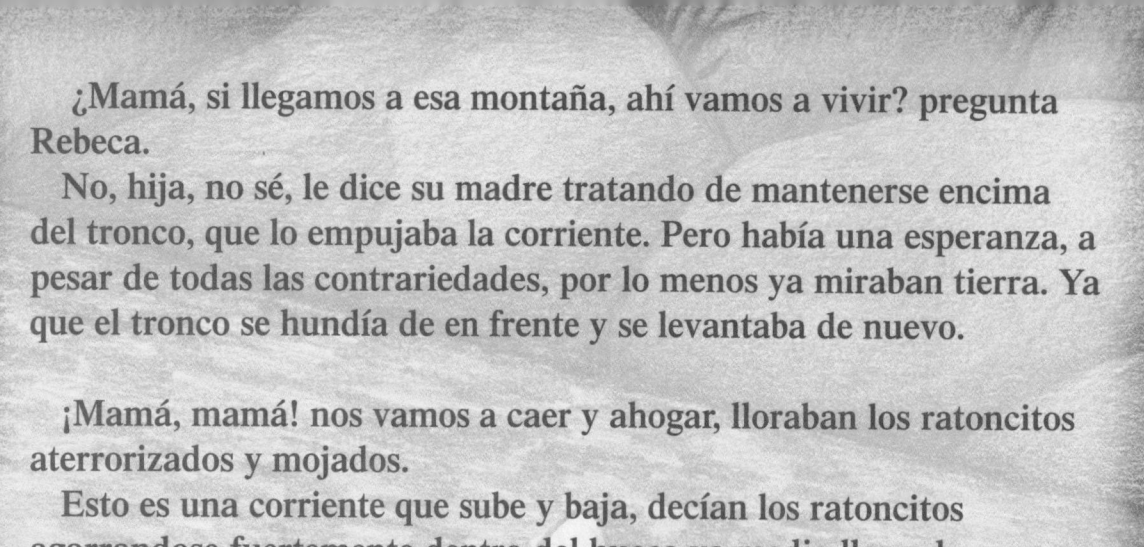

¿Mamá, si llegamos a esa montaña, ahí vamos a vivir? pregunta Rebeca.

No, hija, no sé, le dice su madre tratando de mantenerse encima del tronco, que lo empujaba la corriente. Pero había una esperanza, a pesar de todas las contrariedades, por lo menos ya miraban tierra. Ya que el tronco se hundía de en frente y se levantaba de nuevo.

¡Mamá, mamá! nos vamos a caer y ahogar, lloraban los ratoncitos aterrorizados y mojados.

Esto es una corriente que sube y baja, decían los ratoncitos agarrandose fuertemente dentro del hueco ya medio lleno de agua. El tronco mojado y resbaloso, pegó contra unas rocas, y Julio y Rebeca cayeron en el agua. Todos a punto de caer, la mamá ratita lloraba de aflicción tratando de salvar a sus hijos.

"Yes," agreed Mama, continuing to be brave. "It is like a roller coaster—and enough adventure for a lifetime. But watch out! We're almost there!" Mama was concerned about some huge rocks she could see piled up ahead of them in the water.

And that's just where the rapid current and the log were headed—straight toward those rocks! Suddenly the rushing water swung the big log sideways. It crashed against the rocks and one end went in between two big boulders. The collision sent Julio and Becky tumbling into the water and the log was stuck tight!

Y con tan buena suerte, que el tronco resbaló por encima de unas rocas, y finalmente paró, mientras la mamá ratita trataba desperadamente de rescatar, a los dos que cayeron en el agua.
¡Mamá! ¡mamá! ¡me ahogo! gritaba Rebeca, llena de terror y angustia. Julio subía por el otro lado, también temblando de miedo, pero por lo menos el tronco ya no se movía. Su madre rescató a Rebeca, aunque todos mojados se salvaron una vez más de una aventura sin comparación.

"Mama!" her babies cried. "Save us! Save us!"
They splashed in the water struggling to reach their mama and the safety of the log. But now, Mama wasn't worried. She knew she could save her little ones because the log was no longer moving. It had finally stopped bouncing up and down in the water because the rocks held it tight. This time, she just leaned down and grabbed Becky by her little paw and Julio by his tiny tail. Both little mice were soaking wet and scared, but fortunately, no bones were broken. Mama again held her babies comforting them until their dripping bodies stopped trembling and they were no longer crying.

A pesar de todos sus problemas se sentían alegres, el tronco ya se había parado, y miraban la loma de tierra muy alta cerca de ellos.

¡De prisa, de prisa! les decía su mamá, ahora tenemos que salir de aquí, rapidito, rapidito! pero no se vayan a caer, tenemos que brincar de roca en roca para salvarnos. Y así saltando con su colita remojada, lo estaban logrando.

¡Hurra, hurra! decían los ratoncitos con mucha felicidad. Arturo pisó tierra primero y Julio lo seguía, Ernesto brincaba muy feliz, diciendo, cuidado Rebeca no te vayas a caer, pero su madre la agarraba de la mano una vez más.

It had been a wet, scary and dangerous ride on the big log, but their long adventure on the floodwater had almost come to an end. Fortunately, the log remained stuck on the rocks very close to the side of the big hill— the same hill they had all been watching and hoping to reach. Now that they were there, the hill seemed more like a huge mountain covered with mud and rocks.

"Hurry, hurry!" said Mama. "Now's our chance to get off the log. Jump onto the rocks until we reach the land where we will be safe from the water." So, Ernest jumped first, then Art, then Julio and, finally, little Becky. Mama Mouse was the very last— just in case someone fell in the water again. Jumping from rock to rock, everyone made it safely to the bank. Then they ran up and down the side of the hill again and again in their excitement to be back on land.

Cuando todos pisaron tierra al lado de la loma, todos miraban hacia arriba y a los lados con la esperanza de ver a su papá.

No se desanimen, su padre nos encontrará, aunque su mamá no estaba segura. Pero con voz valiente y amorosa ella abrazaba a sus hijos para darles consuelo. Su madre los hacia sentirse bien, ya que lo más importante, era que estaban fuera de peligro de que se fueran a ahogar.

Finally, they ran to the top where the little family huddled together, sniffing the air and noticing many strange new smells. Looking all around, they hoped to see their papa waiting there for them. But, no matter in which direction they looked, he was still nowhere to be seen.

"Don't give up hoping," said Mama in a brave voice. "I am sure your papa will find us now that we have found dry land."

Then Mama hugged them all, smoothed their fur and licked their little faces until everyone finally felt better. They all began to dance for joy, shouting, "We are safe! We are safe at last!"

    Al sentirse felices y contentos, los ratoncitos besaban la tierra con mucha alegría. Y comenzaron a correr para arriba y para abajo, en esa loma tan grande llena de papeles y pestilencias. Ellos no sabían que la colina, era un cerro de basura. Los ratoncitos llenos de gusto tomaron a su madre de la mano, y la llevaron hasta arriba de la colina para venerarla. Y cojidos de sus manos bailaban alrededor de ella, diciendo.

    ¡Que viva la mamá Sarita! ¡Que viva la mamá Sarita! ¡Que viva la mamá Sa-ri-ta-a-a, por salvarnos de esta inundación. Ellos se sentían muy orgullosos de su madre, por su gran amor, valentía y esfuerzo para salvarlos.

    Y con un suspiro largo mirando hacia abajo, donde estaba el tronco que había sido su nave de salvación. En su aventura inolvidable, siempre nombrarian el tronco "El Arca de Los Ratoncitos".

Fin

The little mice kissed the ground and ran around on the top of the enormous hill.

They didn't understand that the waters of the flood had carried them to a huge landfill that only looked like a mountain to the little mouse family.

This was the place they would begin their new life.

Holding paws and laughing in happiness, the little mice danced around their brave Mother Mouse. As they danced, they sang, "Hooray for our brave Mama Sarita, hooray for our brave Mama Sarita; hooray for our brave Mama Sa-ri-ta-a-a, who saved us from the flood!"

Through their mama's love and care, she had brought them to this new land. She had kept them safe from the Mississippi floodwaters on an old log, a log they would forever call *The Mouse Ark*.

THE END

Nota del Autor

Niños de hoy, lideres de mañana:

La educación no se hereda, ni tampoco se da en los árboles.
Es algo especial que se aprende de los padres, como también de los profesores.
Siempre que tú quieras aprender para tu propio bien.
No te ahoges en ningun río desbordado ni tampoco pelees con la corriente, sube a tu arca de salvación la que te lleve a tierras más altas, como lo es la nave de educación.
Sí tú quieres superarte escucha y pon mucha atención, en lo que te dicen tus padres, porque eso tiene mucho valor y una gran bendición.
Como lo dice la historia, que habla de una inundación, los ratoncitos se hubieran a ahogabo, pero ellos escucharon a su madre, y ella los salvo, por su amor, habilidad, esfuerzo y valentía.

A. Z.

Author's Note

To the children of today, our leaders of tomorrow:

Education is neither something you inherit nor does it grow on trees. It is something special that you learn first from your parents and later from your teachers. For your own good, however, you must have the desire to learn.

You must be careful not to drown in a flood of ignorance simply because you don't wish to learn. You need to watch for opportunities on your own ark of salvation that will take you to higher ground using education as your guide, your navigator.

If you wish to succeed in achieving your highest goals, it is important to listen and pay attention to your parents and those who have advice and wisdom of great value. In this story, the little mice survived the flood only because they listened to their mother. She managed to save them all through her love, experience, effort and courage.

A. Z.

THE AUTHOR

Adán Zepeda was born in Ricardo, Texas, in 1935. He was raised in Mexico until the age of fifteen and attended school—at the age of ten—for only one year and a half. He didn't return to school the next year because he had to work in the fields to help support the family. When his father passed away, Adán and his family moved back to the United States near the South Texas border where he became a farm worker.

When he traveled to West Texas, he went with his Uncle Silvano. The two with their families were looking for better cotton fields to earn a little more money. Of course, this was only a temporary season—with no future.

Without knowing a word of English, he was afraid to meet anyone who could not also speak his language, Spanish. In the 1960's, his cousins taught him the alphabet but nothing more.

In 1973, Adán and his wife moved to Northern Indiana, still looking for a better tomorrow for their sons and daughters. Five years later, he was invited to attend a weekend retreat in Chicago. During the event, all the people were encouraged to write a paragraph using a topic from one of the sessions. That weekend inspired him to begin writing, first poems and then short stories. More than 200 poems are included in his first book, Lagrimas y Sonrisas. In time, Adán learned to write in both English and Spanish although his writing in English has been done without a teacher, and also his Español sín maestro. In 1996, he wrote *Apples for Life* and, in 1998, the Spanish edition, *Manzanas por Vida*. The Mouse Ark, the first book in a series of four, is a continuation of his creative talents.

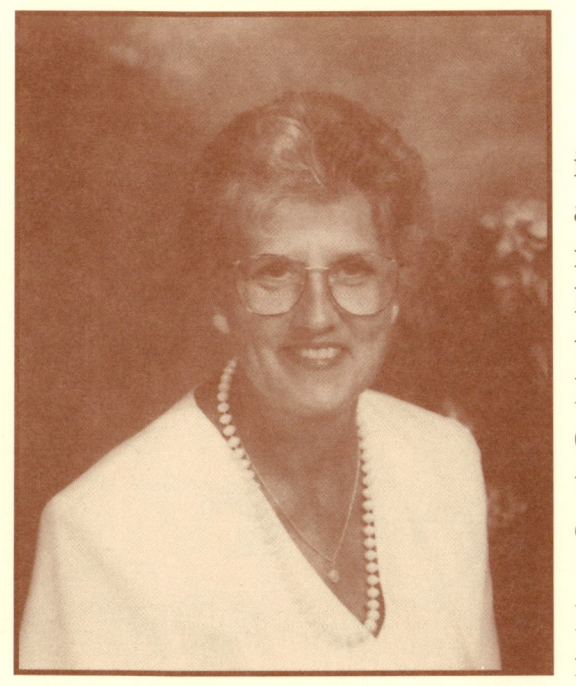

THE ILLUSTRATOR

Nancy Glon was born in Indianapolis, Indiana, in 1936. Her drawing skills were begun at an early age, but were only developed later in life. While raising a large family, often working outside the home and being involved in church and community efforts, it was sometimes difficult to continue her several hobbies. They included calligraphy, (wedding invitations and personalizing), portraiture, "Gold Bricks" and, of course, illustrating children's books.

When she and her husband moved to Goshen, Nancy met author, Adán Zepeda and a cooperative friendship developed. Over a period of about two years, she illustrated his book, *Apples for Life*, and revised some of her drawings for the Spanish edition, *Manzanas por Vida*. She has also illustrated books for two other local authors.

A ripple effect of Mr. Zepeda's writing talents and Mrs. Glon's artistic efforts has been presenting programs for schools, fraternal and community groups based on writing and illustrating. Besides Indiana, Mrs. Glon and Mr. Zepeda have traveled to South Texas and Michigan making presentations.

It has given her a great deal of pleasure to work with Mr. Zepeda once more, as they collaborated on this children's book. Nancy's drawings using brown ink and cream colored paper help to create the visual perception of muddy floodwaters on the great Mississippi River as you read and enjoy *The Mouse Ark*.

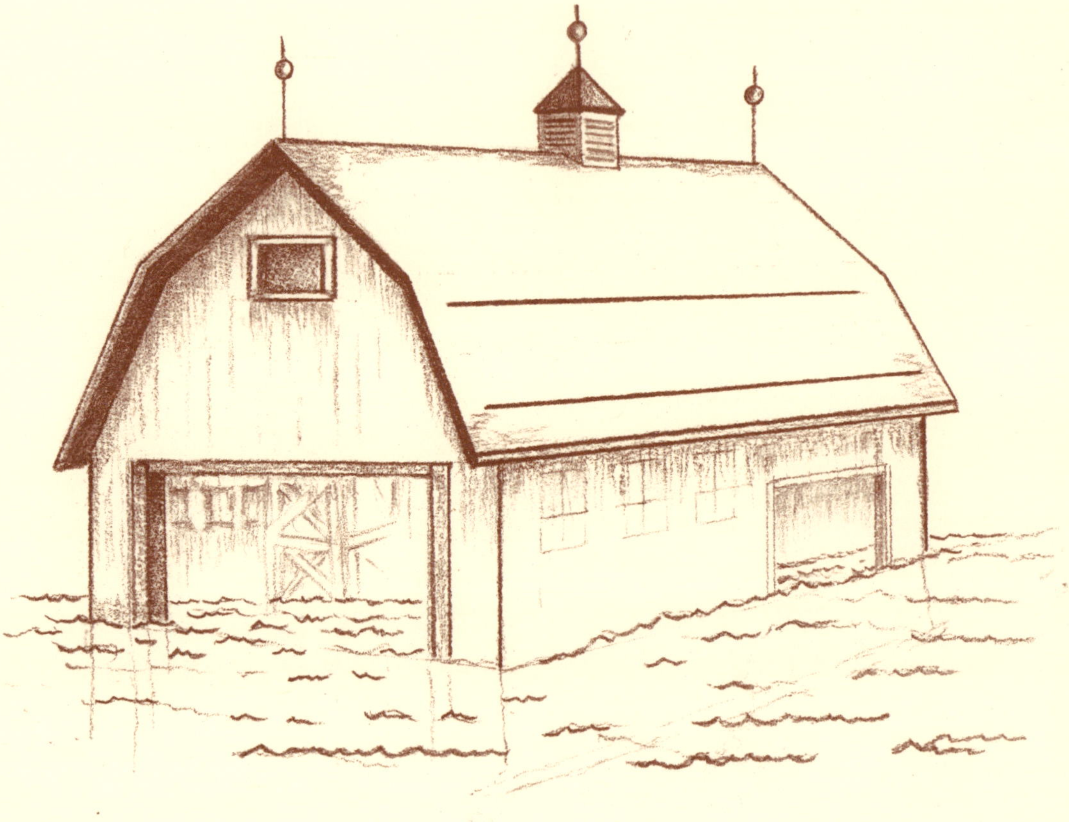